Für

Von

No. 51
Schöner lesen!

MIX
Papier aus verantwortungsvollen Quellen
FSC® C144853

ISBN 978-3-649-64884-0

Hafenweg 30, 48155 Münster, Germany
Illustrationen: Grafikteam Coppenrath Verlag
Grafische Gestaltung: Daniela Lengers Grafik-Design, Laer
Redaktion: Nina Sträter

www.coppenrath.de

WUNDERSCHÖNE WINTERZEIT

Gedichte, Gedanken & Rezepte

COPPENRATH

Wie ist so herrlich die

Winternacht!

Es glänzt der Mond in voller Pracht
mit den silbernen Sternen am Himmelszelt.

HOFFMANN VON FALLERSLEBEN

NEUSCHNEE

Flockenflaum zum ersten Mal zu prägen
mit des Schuhs geheimnisvoller Spur,
einen ersten schmalen Pfad zu schrägen
durch des Schneefelds jungfräuliche Flur –

kindisch ist und köstlich solch Beginnen,
wenn der Wald dir um die Stirne rauscht
oder mit bestrahlten Gletscherzinnen
deine Seele leuchtende Grüße tauscht.

CHRISTIAN MORGENSTERN

WINTERNACHT

Dämmerstille Nebelfelder,
schneedurchglänzte Einsamkeit
und ein wunderbarer, weicher
Weihnachtsfriede weit und breit.

Nur mitunter, windverloren,
zieht ein Rauschen durch die Welt
und ein leises Glockenklingen
wandert übers stille Feld.

Und dich grüßen alle Wunder,
die am lauten Tag geruht,
und dein Herz singt Kinderlieder
und dein Sinn wird fromm und gut.

Und dein Blick ist voller Leuchten,
längst Entschlafnes ist erwacht ...
Und so gehst du durch die stille,
wunderweiche Winternacht.

WILHELM LOBSIEN

Die Natur ist die große Ruhe gegenüber unserer Beweglichkeit.

CHRISTIAN MORGENSTERN

Im Winter steht die Natur einfach ganz still. Im Winter dürfen auch unsere Gedanken zur Ruhe kommen – alles sortiert sich neu, wenn wir es zulassen.

SCHNEEFLOCKEN

Wende ich den Kopf nach oben:
Wie die weißen Flocken fliegen,
fühle ich mich selbst gehoben
und im Wirbeltanze wiegen.
Dicht und dichter das Gewimmel;
eine Flocke bin auch ich. –
Wie viel Flocken braucht der Himmel,
eh die Erde langsam sich
weiß umhüllt.

KLABUND

IM WUNDERLAND
DES WINTERS
WERDEN MÄRCHEN
WAHR.

SPRICHWORT

Schneegestöber

ergibt ca. 6 Portionen:
200 ml Schlagsahne
250 g Naturjoghurt
250 g Quark
50 g Zucker
1 Pk Vanillezucker
2 TL Zitronensaft
500 g Himbeeren (TK)
50 g Baisertupfen

Quark, Joghurt, Zucker und Zitronensaft in eine Schüssel geben und mit dem Handrührgerät glatt rühren. Anschließend die Sahne steif schlagen und unterheben.

Den Boden einer Glasschüssel mit der Hälfte der Himbeeren bedecken, dann die Hälfte der Sahnecreme darauf verteilen und glatt streichen.

Mit den übrigen Himbeeren belegen und anschließend die restliche Creme darübergeben.

Die Baisertupfen zerbröseln und auf der Creme verteilen. Das Ganze für rund 3 Stunden im Kühlschrank durchziehen lassen.

Es gibt so
wunderweiße Nächte,
drin alle Dinge Silber sind …

RAINER MARIA RILKE

SCHNEEFLÖCKCHEN, WEISSRÖCKCHEN

Schneeflöckchen, Weißröckchen,
da kommst du geschneit,
du wohnst in den Wolken,
dein Weg ist so weit.

Komm, setz dich ans Fenster,
du lieblicher Stern;
malst Blumen und Blätter,
wir haben dich gern.

Schneeflöckchen, Weißröckchen,
komm zu uns ins Tal.
Dann baun wir den Schneemann
und werfen den Ball.

NACH HEDWIG HABERKERN

Es treibt der Wind im

Winterwalde

die Flockenherde wie ein Hirt
und manche Tanne ahnt, wie balde
sie fromm und lichterheilig wird,
und lauscht hinaus. Den weißen Wegen
streckt sie die Zweige hin – bereit,
und wehrt dem Wind und wächst entgegen
der einen Nacht der Herrlichkeit.

RAINER MARIA RILKE

SCHNEE

Schnee, zärtliches Grüßen
der Engel,
schwebe, sinke –
breit alles in Schweigen
und Vergessenheit!

Gibt es noch Böses,
wo Schnee liegt?
Verhüllt, verfernt er nicht
alles zu Nahe und Harte
mit seiner beschwichtigenden
Weichheit und dämpft selbst
die Schritte des Lautesten
in leise?

Schnee, zärtliches Grüßen
der Engel,
den Menschen, den Tieren! –
Weißeste Feier
der Abgeschiedenheit.

FRANZISKA STOECKLIN

… Und eine kurze Zeitspanne

ruht die weite Erde

und das Flüstern schweigt …

HUGO MARTI

Im Winter wird alles ein bisschen
leiser, ruhiger, weicher.
Dieses Gefühl darf auch unsere Herzen
erreichen: Schöne Momente bekommen
den Vorzug vor Arbeit, Hektik und
To-do-Listen.

Ist der Winter nun nicht ein

Farbenkünstler,

trotz allem Frühling!

LOU ANDREAS-SALOMÉ

Halt ich sacht auf weißem Felde,
Märchen sinnend, still erlauschten,
ist's, als ob zu meinen Häupten
nahe Flügelschläge rauschten.

MARIA JANITSCHEK

DIE HOHEN TANNEN ATMEN

Die hohen Tannen atmen heiser
im Winterschnee, und bauschiger
schmiegt sich sein Glanz um alle Reiser.
Die weißen Wege werden leiser,
die trauten Stuben lauschiger.

Da singt die Uhr, die Kinder zittern:
Im grünen Ofen kracht ein Scheit
und stürzt in lichten Lohgewittern, –
und draußen wächst im Flockenflittern
der weiße Tag zur Ewigkeit.

RAINER MARIA RILKE

WEISS SIND TÜRME,

DÄCHER, ZWEIGE

UND DAS JAHR

GEHT AUF DIE NEIGE

UND DAS SCHÖNSTE FEST

IST DA.

THEODOR FONTANE

AN DEN WINTER

Willkommen, lieber Winter,
willkommen hier zu Land!
Wie reich du bist, mit Perlen
spielst du, als wär es Sand!

Den Hof, des Gartens Wege
hast du damit bestreut;
sie an der Bäume Zweige
zu Tausenden gereiht.

Dein Odem, lieber Winter,
ist kälter, doch gesund;
den Sturm nur halt im Zaume,
sonst macht er es zu bunt!

ELISABETH KULMANN

Wie sich die Knospen
des Barbarazweigs
bis Weihnachten öffnen,
so soll sich auch der Mensch dem
kommenden Licht
auftun.

JOHANN GEORG FISCHER

Nach einem langen Winterspaziergang
wieder ins Warme zu kommen
ist ein wunderbares Gefühl.
Die kalte Jahreszeit gibt uns die
Möglichkeit, unser Zuhause so richtig
zu genießen und zu schätzen,
dass es diesen besonderen Ort gibt.

DER WINTER IST KOMMEN

Der Winter ist kommen,
verstummt ist`s im Frein;
da soll uns im Zimmer
ein Liedchen erfreun.

Ein Lied und ein Spiel
und ein Tänzchen dabei,
da sind wir so lustig,
als wär es im Mai.

Mag’s immer da draußen
auch stürmen und schnein,
Herr Winter soll freundlich
willkommen uns sein.

AGNES FRANZ

Bratapfelpunsch

ergibt ca. 10 Gläser:
1 Vanilleschote
½ TL geriebene Muskatnuss
2 TL Zimt
½ TL gemahlene Gewürznelken
2 l Apfelsaft
8 Kugeln Vanilleeis

Die Vanilleschote längs halbieren und das Mark herauskratzen. Muskatnuss zusammen mit dem Zimt, den gemahlenen Nelken, dem Vanillemark und dem Apfelsaft in einen Topf geben und alles langsam erhitzen. Die Mischung nicht aufkochen.

Das Vanilleeis zugeben und leicht verrühren, bis es geschmolzen ist. Bratapfelpunsch in Gläser füllen und warm servieren. Wer mag, kann pro Glas 2 cl Rum oder Amaretto zugeben.

Es wird Weihnachten!

Mein ganzes Haus riecht schon nach braunem Kuchen – versteht sich, nach Mutters Rezept – und ich sitze sozusagen schon seit Wochen im Scheine des Tannenbaums. Ja, wie ich den Nagel meines Daumens besehe, so ist auch der schon halbwegs vergoldet. … Gestern Abend habe ich sogar den Frauen Mandeln und Citronat für die Weihnachtskuchen schneiden helfen; auch Kardamom dazu gestoßen und Hirschhornsalz. … Jeden Morgen, die letzten Tage, kommt der Postbote und bringt ein Päckchen oder einen Brief, aus der Heimat oder aus der Fremde, von Freunden oder Verwandten. Die Weihnachtzeit ist doch noch grade so schön, wie sie in meinen Kinderjahren war. – Wenn nur noch der Schnee kommen wollte; wir wohnen hier so schön einsam zwischen den Bergen, da müsste der Weihnachtbaum, wenn er erst brennt, prächtig in die Winterlandschaft hinausleuchten!

THEODOR STORM

DER BRATAPFEL

Kinder, kommt und ratet,
was im Ofen bratet!
Hört, wie's knallt und zischt!
Bald wird aufgetischt
der Zipfel, der Zapfel, der Kipfel, der Kapfel,
der gelbrote Apfel.

Kinder, lauft schneller,
holt einen Teller,
holt eine Gabel!
Sperrt auf den Schnabel
für den Zipfel, den Zapfel, den Kipfel, den Kapfel,
den goldbraunen Apfel!

Sie pusten und prusten,
sie gucken und schlucken,
sie schnalzen und schmecken
und lecken und schlecken
den Zipfel, den Zapfel, den Kipfel, den Kapfel,
den knusprigen Apfel.

FRITZ UND EMILY KOEGEL

Fängt es im Winter zu schneien an,
so schneit es nichts als Marzipan,
Rosinen auch und Mandel.
Und wer sie gerne knabbern mag,
der hat ’nen guten Handel.

JOACHIM RINGELNATZ

Markt und Straßen stehn verlassen,
still erleuchtet jedes Haus,
sinnend geh ich durch die Gassen,
alles sieht so festlich aus.

An den Fenstern haben Frauen
buntes Spielzeug fromm geschmückt,
tausend Kindlein stehn und schauen,
sind so wunderstill beglückt.

Und ich wandre aus den Mauern
bis hinaus ins freie Feld,
hehres Glänzen, heil'ges Schauern!
Wie so weit und still die Welt!

Sterne hoch die Kreise schlingen,
aus des Schnees Einsamkeit
steigt's wie wunderbares Singen –
o du gnadenreiche Zeit!

JOSEPH VON EICHENDORFF

Advent und Weihnachten sind
wie ein Schlüsselloch,
durch das auf unseren dunklen Erdenweg
ein Schein aus der Heimat fällt.

FRIEDRICH VON BODELSCHWINGH

Der Winter macht uns alle wieder zu Kindern.
Voller Freude die ersten Fußstapfen im frischgefallenen Schnee zu hinterlassen oder staunend an all den beleuchteten Fenstern vorbeizulaufen, das bringt uns ein Stück glückseliger Vergangenheit zurück.

WEIHNACHTEN

IST DER TAG,

DER ALLE ZEITEN

ZUSAMMENHÄLT.

ALEXANDER SMITH

Hörst auch du die leisen Stimmen
aus den bunten Kerzlein dringen?
Die vergessenen Gebete
aus den Tannenzweiglein singen?
Hörst auch du das schüchtern frohe,
helle Kinderlachen klingen?
Schaust auch du den stillen Engel
mit den reinen, weißen Schwingen? ...
Schaust auch du dich selber wieder,
fern und fremd nur, wie im Traume?
Grüßt auch dich mit
Märchenaugen
deine Kindheit
aus dem Baume? ...

ADA CHRISTEN

Glückliche, glückliche Weihnacht, die uns die Träume unserer Kindertage zurückbringt, die den alten Mann an die Freuden seiner Jugend erinnert und die den Reisenden wieder an den eigenen Kamin und nach Hause führt.

CHARLES DICKENS

Weihnachten ist ein Fest für die Menschheit.
Es kommt über einen
und legt sich warm und weich auf einen
und duftet nach Tannen und Wachskerzen
und Lebkuchenmännern
und nach vielem, was es gab,
und nach vielem, was es geben wird.

PAULA MODERSOHN-BECKER

WEIHNACHTEN

Liebeläutend zieht durch Kerzenhelle,
mild, wie Wälderduft, die Weihnachtszeit.
Und ein schlichtes Glück streut auf die Schwelle
schöne Blumen der Vergangenheit.
Hand schmiegt sich an Hand im engen Kreise,
und das alte Lied von Gott und Christ
bebt durch die Seelen und verkündet leise,
dass die kleinste Welt die größte ist.

JOACHIM RINGELNATZ

Weihnachten ist
kein Zeitpunkt und keine Jahreszeit,
sondern ein Seelenzustand.
Frieden und Wohlwollen
in seinem Herzen zu halten
und voll Dankbarkeit zu sein,
das heißt den wahren Geist von
Weihnachten erkannt zu haben.

CALVIN COOLIDGE

Weihnachten!

Welch ein Zauber liegt in diesem Wort!
Mir ist es immer, als öffnete sich damit
der Blick in den Sternenhimmel
und die Freude funkelte herab,
auch in die Dunkelheit trüber Zeiten.

MONIKA HUNNIUS

Dies ist Weihnachten, einmal im Jahr
diese Erwartung in sich fühlen, dieses feste,
durch nichts enttäuschbare Anrecht fühlen,
dass unsere größten Wünsche,
wenn wir sie nur recht ins Herz fassen,
nicht unerfüllt bleiben können,
dass wir keinen Moment lang nur den Wunsch,
sondern eigentlich schon immer
die kleine Erfüllung in uns tragen.

RAINER MARIA RILKE

Weißer Glühwein

ergibt ca. 10 Gläser:
1 Stück Ingwer (6 cm)
4 Bio-Orangen
3 Äpfel
200 ml Amaretto
2 l Weißwein
600 ml naturtrüber Apfelsaft
8 EL flüssiger Honig
4 Zimtstangen

Den Ingwer schälen und die Orangen unter heißem Wasser abwaschen und trocken tupfen. Alles in Scheiben schneiden. Die Äpfel waschen, trocken tupfen, halbieren und vom Kerngehäuse befreien. Ebenfalls in Scheiben schneiden. Amaretto in eine Schüssel füllen und die Apfelscheiben ½ Std. darin ziehen lassen.

Anschließend Weißwein, Apfelsaft, Orangen- und Ingwerscheiben mit dem Honig und den Zimtstangen in einen großen Topf geben. Alles langsam erhitzen. Der Wein darf nicht kochen.

Den Amaretto mit den Apfelscheiben zum Glühwein geben und alles noch einmal kurz erwärmen. Weißen Glühwein in Gläser füllen und sofort servieren.

Erst wenn
Weihnachten im Herzen ist,
liegt Weihnachten auch in der Luft.

WILLIAM TURNER ELLIS

Nun leuchten wieder
die Weihnachtskerzen
und zaubern Freude in alle Herzen.

GUSTAV FALKE

Die Liebe
soll die Welt regieren
und Weihnacht zeigt, dass sie's vermag.

LOUISE OTTO

Du verlierst nichts,
wenn du mit deiner Kerze
die eines anderen anzündest.

AUS DÄNEMARK

So ist das Wesentliche einer Kerze
nicht das Wachs, das seine Spuren hinterlässt,
sondern das Licht.

ANTOINE DE SAINT-EXUPERY

Nicht die Dunkelheit ist es, die den
Winter ausmacht, sondern das schöne
warme Licht in den Häusern und
Straßen.
Einer Kerze dabei zuzuschauen,
wie sie langsam herunterbrennt,
bringt die Gedanken zur Ruhe
und das Herz zum Leuchten.

Leise
rieselt der Schnee,
still und starr
ruht der See,
weihnachtlich
glänzet der Wald:
Freue dich,
's Christkind
kommt bald!

EDUARD EBEL

WEIHNACHTSLIED

Vom Himmel in die tiefsten Klüfte
ein milder Stern herniederlacht;
vom Tannenwalde steigen Düfte
und hauchen durch die Winterlüfte
und kerzenhelle wird die Nacht.

Mir ist das Herz so froh erschrocken,
das ist die liebe Weihnachtszeit!
Ich höre fernher Kirchenglocken
mich lieblich, heimatlich verlocken
in märchenstille Herrlichkeit.

Ein frommer Zauber hält mich wieder.
Anbetend, staunend muss ich stehn;
es sinkt auf meine Augenlieder
ein goldner Kindertraum hernieder,
ich fühl's, ein Wunder ist geschehn.

THEODOR STORM

DER EISLAUF

Der See ist zugefroren
und hält schon seinen Mann.
Die Bahn ist wie ein Spiegel
und glänzt uns freundlich an.

Das Wetter ist so heiter,
die Sonne scheint so hell.
Wer will mit mir ins Freie?
Wer ist mein Mitgesell?

Da ist nicht viel zu fragen:
Wer mit will, macht sich auf.
Wir gehn hinaus ins Freie,
hinaus zum Schlittschuhlauf.

Was kümmert uns die Kälte?
Was kümmert uns der Schnee?
Wir wollen Schlittschuh laufen
wohl auf dem blanken See.

Da sind wir ausgezogen
zur Eisbahn also bald
und haben uns am Ufer
die Schlittschuh angeschnallt.

Das war ein lustig Leben
im hellen Sonnenglanz!
Wir drehten uns und schwebten,
als wär's ein Reigentanz.

HOFFMANN VON FALLERSLEBEN

Da glänzt in die schneeige Winternacht
der Mond verklärend und kalt;
es giltzert in funkelnder Silberpracht
der Reif an den Bäumen im Wald.
O Welt, wie bist du

So schön.

MAURICE REINHOLD VON STERN

Im Winter erinnern wir uns an das,
was Frühling, Sommer und Herbst
mit sich brachten.
Es ist die Zeit, um die Dinge Revue
passieren zu lassen und mit etwas
Abstand vielleicht noch einmal ganz
neu zu bewerten.

DER WINTER

GEHT NICHT,

OHNE EINEN BLICK

ZURÜCKZUWERFEN.

AUS FINNLAND

Eistorte

ergibt ca. 16 Stücke:
etwas Butter und 1 EL Grieß für die Form
100 g Baisertupfen plus 8 zum Garnieren
100 g Haselnusskerne
plus 3 EL zum Garnieren
100 g Walnusskerne
350 g Zartbitterschokolade
800 g Sahne

Eine Springform (26 cm ø) einfetten und mit Grieß ausstreuen. Baiser, Nüsse und 250 g Schokolade hacken. Die Sahne in einer Schüssel sehr steif schlagen. Baiser, Nüsse und Schokolade unter die geschlagene Sahne heben.
Anschließend die Masse in die Form geben, glatt streichen und mit Frischhaltefolie bedeckt für mind. 24 Std. ins Gefrierfach stellen.

Ca. 30 Min. vor dem Servieren aus dem Gefrierfach nehmen und antauen lassen. In der Zwischenzeit die übrigen Haselnüsse grob hacken und ohne Fett in einer Pfanne bei mittlerer Hitze rösten. Vom Herd nehmen und auskühlen lassen. Die restliche Schokolade hacken, in einem Wasserbad schmelzen und abkühlen lassen.

Die Eistorte aus der Form lösen und mit den Baisertupfen garnieren. Die Schokolade über die Torte gießen und mit den Haselnüssen bestreut sofort servieren.

WEIHNACHT

Ein Augenblick im Meer der Zeiten,
in dem die stillen Stimmen tönen,
die sonst der Tag verdeckt mit seinem lauten
Schrei'n,
der Augenblick, in dem die Kerzen brennen,
die heiligen Kerzen, die der Liebe leuchten,
da jedes Herz es ahnt, was Friede sei.

In dieser Stille zwischen heut und morgen,
in dieser Handvoll weniger Minuten
besinnt der Mensch sich auf sein tiefstes Glück,
lauscht auf die leise Melodie der Liebe –
und geht dann neu zu seinem Tag zurück.

ELISABETH DAUTHENDEY

Mir klingt ein Lied in Ohren
uralter Zaubermacht:
Es ward das Licht geboren!
Es schwand die längste Nacht.

ERNST RAUSCHER

Im Winter rücken alle näher zusammen, wortwörtlich und auch im übertragenden Sinn.
Kontakte wieder intensivieren,
egal ob persönlich, am Telefon oder
mit einer lieben Weihnachtskarte:
Auch das macht die Winterzeit
zu etwas Besonderem.

Dein Weihnachten soll ein
fröhliches
und dein neues Jahr
ein glückliches sein.

CHARLES DICKENS